元世祖忽必烈

草原上的帝國霸主

Kublai Khan
The Great Khan of Mongolia

繪本

故事◎林安德
繪圖◎AU

元朝是中國歷代
擁有最大帝國版圖的朝代。
建立這項輝煌成就的人物，
正是鐵木真和他的後代子孫。
有一天，
鐵木真和他的兩位可愛的孫子，
正在大漠草原上進行狩獵。

2

蒙古習俗裡，未成年的孩子第一次進行狩獵，抓到獵物後，必須將獵物的血，擦拭於長輩的拇指上。這一天，忽必烈抓到一隻兔子，而他的弟弟旭烈兀獵到一隻山羊。

5

當旭烈兀將獵物的血擦拭於鐵木真拇指時，十分用力。鐵木真對他粗魯的行為，感到不高興。但忽必烈則是恭敬的捧起鐵木真的手，將獵物的血輕輕的塗在鐵木真的拇指。忽必烈的細心，使鐵木真非常開心，也對他另眼相待。

成年後，忽必烈被派駐到桓、撫二州管理軍隊。小時候細心的個性，使忽必烈在管理和訓練軍隊紀律方面，有著顯著的成效。某一天，他發現了一件事⋯⋯

他發現他的下屬布智兒依刑責處決
了二十八人，可是其中一人原本的
刑責只是杖打後就可以釋放。

沒想到剛好有人送一把名刀給布智兒，布智兒把這名犯人抓回來，用他來試驗這把刀鋒不鋒利。

忽必烈訓斥布智兒：

「你一口氣就處決二十八人，

其中很可能有無辜的犯人。

而且你竟然還把釋放的犯人，

抓回來試刀處決。

這樣怎能為百姓謀福利？」

布智兒聽完慚愧而惶恐。

後來，忽必烈就將布智兒降職懲處，
並且對處決犯人的規定進行改善。
經過忽必烈的改革之後，
民間的冤獄減少了許多。

忽必烈在管理軍隊的過程裡，
逐漸展露他軍事及政治方面傑出的才能。
不久，他就接到率領軍隊
攻打大理國的命令。
進軍大理的過程中，
大理國殺害了蒙古的使者，
使得軍隊裡群情激憤。

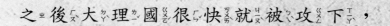

之後大理國很快就被攻下，
士兵及將領紛紛要求屠城報仇。
忽必烈覺得很為難，
此時忽必烈的臣子張文謙提出勸告：
「殺害使者的是大理國官員做的決定，
但是大理百姓是無辜的，
請原諒百姓吧！」

18

忽必烈覺得十分有道理，
於是頒布禁止殺人的命令，
讓許多大理國境內的百姓倖免於難。
後來，忽必烈在位期間，
大理國人民都心悅誠服，
不曾起兵反抗蒙古統治。

打下大理國後，大理國的大臣高祥遭到俘虜。忽必烈希望說服高祥改為效忠蒙古，可是高祥誓死不屈，讓忽必烈對他十分敬重。最後高祥為大理國殉忠，忽必烈還下令必須用隆重的禮節為他下葬。

忽必烈的雄才大略，
引起兄弟阿里不哥的嫉妒。
在蒙哥汗王駕崩後，

阿里不哥立刻率軍和忽必烈爭奪王位。
最後忽必烈擊敗阿里不哥，
正式即位成為蒙古皇帝。

25

即位時，忽必烈有感於兄弟鬩牆造成國內政局的傷害，便下令大赦天下。不僅如此，忽必烈還交代丞相史天澤，若遇到他盛怒下做的決定，可以暫緩一、兩天後，再和他討論是否推行，避免犯下錯誤造成遺憾。

除此之外，
忽必烈有感於
蒙古在軍事武功方面，
已有不錯的基礎，
但在文化教養方面，
卻十分不足。
所以忽必烈大力推行文教，
選拔有學識的漢人及儒生，
派駐到學校對學生進行教育。

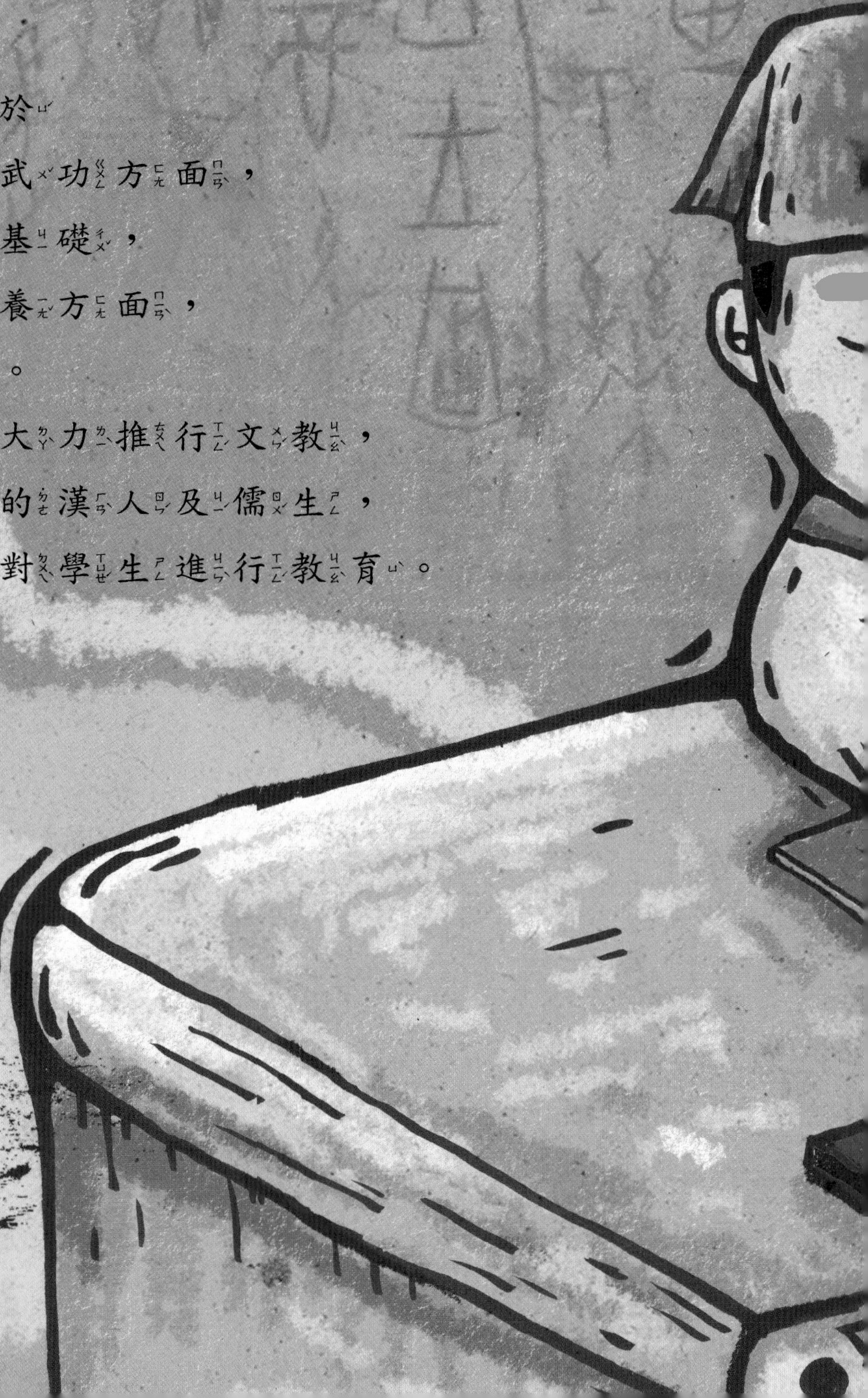

元朝在忽必烈經營之下，國力開始強盛。忽必烈於是決定要攻打南宋，一舉統一天下。襄陽城一直是南宋重要的屏障，忽必烈採取圍攻的方式讓襄陽城失去外援，最後襄陽就在糧食跟武力都耗盡的情況不得不投降。

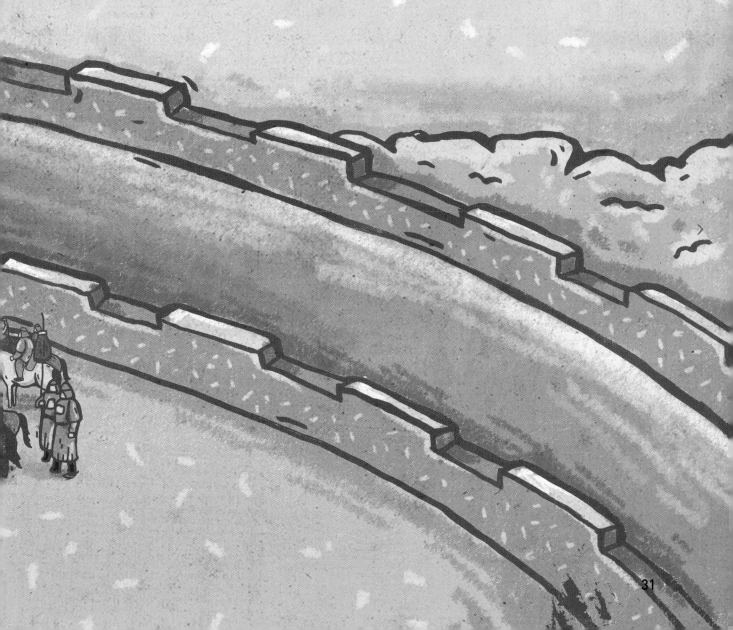

打下襄陽後，蒙古軍隊更是勢如破竹，
將南宋的勢力滅除。忽必烈順利的統一天下，
完成了他帝國霸業的第一步。

滅亡南宋時，
蒙古軍隊俘虜了南宋大臣文天祥。
忽必烈十分愛惜文天祥的才能，
多次對他進行招降，
還允諾要給他很高的官職。
但是文天祥一一一拒絕，
甚至絕食八天
來表明自己對南宋的忠誠。

最後因為文天祥不肯投降，只好將他處決。不過他的事蹟讓忽必烈對儒家文化有更深一層體會，於是忽必烈之後的施政，同時結合了蒙古民族的特性與儒家文化的精髓。在忽必烈的勵精圖治下，蒙古越來越強大，各國紛紛進貢，帝國版圖逐步擴大。

帝國的壯大，讓忽必烈更加野心勃勃，想要一併收服日本。可惜他兩次攻打日本的結果都失敗。第二次甚至還在海上遭遇颱風，讓元軍還未開打就已經傷亡慘重。這樣的結果，讓忽必烈打消繼續攻打日本的念頭。

儘管攻打日本失利，
但無損於忽必烈
成為帝國霸主的事實。
憑藉著細心、仁愛、兼容並蓄，
以及善納雅言的寬宏氣度，
讓蒙古部族在忽必烈的統治下，
開啟了幅員廣大而璀璨的元朝。

元世祖忽必烈

草原上的帝國霸主

讀本

原典解說◎林安德

與元世祖

相關的……

44　人物

46　時間

48　事物

50　地方

走進原典的世界

52　元世祖

56　賈似道

60　文天祥

64　劉秉忠

編後語

68　當元世祖的朋友

69　我是大導演

建立元朝並且四處開疆闢土，成就帝國霸業的忽必烈，究竟與誰交過手來打造元帝國呢？

TOP PHOTO

忽必烈（1215 年～ 1294 年）是成吉思汗的孫子，拖雷的第四個兒子。因為動用武力從弟弟阿里不哥的手中奪取蒙古帝國大汗的寶座，結果造成蒙古帝國的崩解跟長年的內戰。之後忽必烈征服南宋，建立了「元」朝，成為元朝首位皇帝。稱帝後繼續侵略日本跟爪哇等許多國家，幾乎全都戰敗。儘管如此，忽必烈在位時所開鑿連通北京跟江南的大運河，直到今天仍是聯繫南北之間的重要水上通道。

陳太宗是大越（今越南）陳朝的開朝君主。陳太宗治理大越的時候，忽必烈派兵侵略大越，結果被陳太宗擊退。後來忽必烈又發動了另外兩次侵略大越的戰爭，分別都被太宗之子陳聖宗、與太宗之孫陳仁宗等人擊退。

陳太宗

相關的人物

忽必烈

阿里不哥

忽必烈的弟弟。在長兄蒙哥過世之後繼承蒙古帝國的大汗寶座，但因為在武力上打不過忽必烈，只好交出大汗寶座。他向來十分反對忽必烈的漢化政策，在敗給忽必烈之後，可能因為極度傷心而在數年後就過世了。

海都

海都是窩闊臺汗國的大汗，在蒙古帝國蒙哥大汗過世後，支持阿里不哥成為新大汗。由於阿里不哥爭奪汗位失敗，海都暗自累積實力，帶頭反對忽必烈以武力奪取蒙古帝國的大汗寶座。隨後海都帶兵跟忽必烈打仗，造成了蒙古帝國與四大汗國之間的分裂。

郭守敬

郭守敬是忽必烈時代的科學家，精通數學、天文學跟水利工程。郭守敬負責建造京杭大運河，這條運河後來成為從元朝到清朝末年之間的中國經濟大動脈，直到被鐵路給取代了為止。他也大量的觀測天文，修訂了新曆法，制訂出《授時曆》，通行三百六十多年，是當時世界上最先進的一種曆法。國際天文學會甚至以他的名字為月球上的一座環形山命名。

北條時宗

當忽必烈對日本發動侵略戰爭的時候，日本的實際統治者就是北條時宗。當時日本的政情十分複雜，簡單來說，日本天皇是鎌倉幕府的傀儡，鎌倉幕府在名義上是掌控在源氏家族的手中，但後來源氏家族卻變成了北條家族的傀儡。日本在北條時宗的帶領之下，連續兩次擊退了元軍的登陸部隊，不過勝利的主因通常被後人認為是元軍遇到了颱風。

八思巴

TOP PHOTO

八思巴是一名博學多聞的西藏喇嘛，是西藏佛教薩迦派第五代祖師。被忽必烈尊奉為國師，統領全國佛教。在忽必烈的要求之下，八思巴為蒙古人創造了一套新的文字，後人稱為「八思巴字蒙古文」。上圖左為八思巴，圖右為忽必烈。

一生征戰的忽必烈，究竟歷經了多少場戰役才建立起元朝宏偉廣大的版圖呢？

1253 ～ 1254 年

蒙古帝國大汗蒙哥在 1252 年命令忽必烈率軍征服大理（今雲南省），忽必烈遂在 1253 年奉命出征，於 1254 年完成使命，這是忽必烈初次展現軍事作戰的能力。

征服大理

1257 ～ 1288 年

蒙古帝國在征服大理之後，隨即就對大理的鄰國大越展開入侵行動。然而蒙古軍低估了大越的抵抗能力，結果遭到了空前的慘敗。不過大越並沒有因此感到驕傲，選擇在外交上保持謙卑的低姿態，然而這樣子的表現卻讓忽必烈產生了誤判，於是他分別在 1284 年與 1286 年兩度對大越發動大規模入侵行動，結果全都戰敗。

蒙越戰爭

相關的時間

1260 ～ 1264 年

蒙哥對於忽必烈的軍事能力感到十分信任，於是命令他展開征服南宋。然而蒙哥卻在 1259 年忽然逝世，忽必烈的弟弟阿里不哥趁機宣布繼承蒙哥的大汗寶座。忽必烈於是決定率領大軍從南方前線回到北方，並在 1260 年自行宣布登基為蒙古帝國大汗，並要求四大汗國承認他的地位，但四大汗國都表示反對，阿里不哥也調遣大軍準備抵抗，於是蒙古帝國爆發內戰。忽必烈最後在 1264 年推翻了阿里不哥，但蒙古帝國再也不是一個統一的國家。右圖為元朝上都大安閣出土的龍柱，也就是忽必烈當初登基為蒙古帝國大汗的地方。

奪位內戰

TOP PHOTO

征服南宋

1268 ～ 1279 年

忽必烈在推翻阿里不哥之後，再度展開征服南宋。蒙古先開始圍攻襄陽與樊城，然而南宋守軍的頑強抵抗卻擋住了蒙古軍的行動。在纏鬥多年之後，終於在 1279 年達成征服南宋的目標。

1271 年

忽必烈決定更改國號，於是參考《易經》裡面的詞句，認為「大哉乾元」這句話最符合他心目中的建國精神，因為這句話的意思可以解釋為「要跟天空一樣廣大」。因此忽必烈便將蒙古帝國的國名改為「元」。

1272 年

忽必烈為了建立新的國家，不僅更改了年號跟國號，頒布新的法律，還在這一年將中都（今北京市）改名為「大都」，並作為元朝的首都。

TOP PHOTO

遠征日本

1274 年～ 1281 年

忽必烈在征服南宋之後，立刻著手策劃征服日本的軍事行動，並分別在 1274 年與 1281 年組建兩支規模空前的遠征艦隊去攻打日本，但這兩支艦隊都在登陸日本之後被颱風所摧毀。忽必烈原本打算再組建一支規模更大的艦隊，然而元朝當局的財政狀況出現問題，終於讓忽必烈打消了這個念頭。上圖為《馬可‧波羅遊記》中描述有關忽必烈遠征日本的插圖。

善於馳騁沙場的忽必烈，其實也很有文化涵養與政治經營的概念。

《易經》是中國很古老的典籍，運用一套符號描述了狀態的變換，解釋萬物無窮變化的哲理。傳說遠古時期伏羲氏觀察了日月星象的變化，畫出了八卦。之後由周文王衍生出六十四卦，作成《易經》。忽必烈以《易經》中的一句話「大哉乾元」為蒙古帝國取了一個嶄新的國號，將蒙古帝國的國號改名叫做「元」，這就是「元」朝的由來。

易經

「行中書省」是元朝開始實施，用來管理地方的一種制度。忽必烈下令全國各大行政區都必須直屬中書省的管轄，因此這些大行政區便被稱作為「行中書省」，或簡稱「行省」。

行中書省

相關的事物

TOP PHOTO

八思巴字

畏兀字

雖然蒙古人已經有一段很長的時間都以畏兀字來書寫蒙古語文，但是忽必烈並不喜歡這套文字系統，於是他決定請西藏高僧八思巴來創造一套全新的蒙古文字。八思巴以當時的吐蕃文字為基礎，創造出了「八思巴字」。然而這套文字似乎並不怎麼受蒙古人的歡迎，當元朝被趕出中原之後不久，蒙古人就拋棄了八思巴字，繼續使用畏兀字為蒙古文字。上圖為元八思巴文金聖旨牌。

畏兀字，又稱「回鶻文字」，是維吾爾人所使用的一種拼音字母。蒙古人本來沒有文字的，是成吉思汗引進畏兀字來作為蒙古語文使用的文字。之後忽必烈以西藏高僧八思巴所創的八思巴字作為官方正式用字，但是民間已經習慣畏兀字的使用。直到元朝滅亡後，蒙古族仍繼續使用畏兀字，逐漸形成現在的蒙古字。

大運河

TOP PHOTO

京杭大運河是中國、也是世界上最長的古代運河，北起北京，南到杭州。忽必烈決定建造一條從大都可以乘船直達臨安的大運河，一方面方便將江南的民生物資轉運到北方，二方面也方便從北方來操控南方。於是他命令郭守敬等科學家規劃、設計與建造了這一條大運河，後來成為中國從元朝到清朝的經濟大動脈。上圖為江蘇常州的京杭大運河其中一段。

至元新格

從成吉思汗開始，一直到忽必烈時代初期，蒙古帝國採用的法律制度非常混亂。有部分來自蒙古人的習俗，有部分則是直接沿用金朝的法規。忽必烈決定建立新國家的同時，也認為應該先建立完整的制度。於是他在將國號改為「元」、建立元朝的同時，還頒布了《至元新格》這一套新法典。

神風

許多人認為颱風是忽必烈侵略日本失敗的主因之一，日本人更認為天神為了保佑日本而特地送來颱風摧毀元軍的艦隊，因此稱呼這個颱風為「神風」。第二次世界大戰的時候，日本希望能再度出現「神風」來幫助他們擊敗美軍的艦隊，所以將他們的飛行中隊取名為「神風特攻隊」，用飛機對美軍的艦隊進行自殺性攻擊行動。

四處征討、開疆闢土的忽必烈，在許多地方留下了蹤跡。

哈拉和林位於今天蒙古國境內，或簡稱「和林」。蒙古帝國第二代大汗窩闊臺曾在此建都。然而此城在忽必烈與阿里不哥發動內戰期間遭到摧殘，從此該城一度沒落，僅有一塊用來當石碑底座的石龜提醒旅人此處曾有盛極一時的文明古都。

哈拉和林

位於今天湖北省的襄陽市，這裡曾經是南宋最重要的戰略要衝，同時也是中國歷史上最著名的兵家必爭之地。忽必烈所領導的蒙古帝國計畫征服南宋的時候，從開始圍攻，花了五年多的時間才以壓倒性的兵力以及當時最先進的兵器「回回砲」（重力拋石機），終於逼迫襄陽投降。

襄陽

上都

相關的地方

TOP PHOTO

上都，又名「元上都」或「開平」，位於今天內蒙古自治區，多倫縣西北方的閃電河畔。忽必烈在此先建造了王府，並於此處登基時將此地改名為「上都」。之後忽必烈遷都到大都，上都就改名為陪都，主要是當作元朝皇帝的避暑之地。左圖為元上都遺址旁的閃電河。

崖山，又名為「厓山」或「厓門」，位於今
日的廣東省。自從在襄陽投降後，南宋可說
是門戶大開。可是南宋軍民仍舊頑強抵抗入
侵的蒙古軍隊，直到了六年後，南宋末代皇
帝趙昺才在崖山海戰中兵敗自殺。

崖山

元朝時代的大越就是今天的越南。忽必
烈時代正好是大越的「陳朝」（陳氏王
朝）的時代，忽必烈曾三度出兵入侵大
越，結果都被大越擊退。

大越

忽必烈曾兩次派兵入侵日本，蒙古大軍的登陸地點都位於日
本九州島的博多灣。博多灣位於今日日本九州島的福岡市，
是一個天然的良港，也是自古以來中日兩國進行各項交流時
的重要門戶之一。最早的中日交流文物證明就是東漢光武帝
劉秀贈送的「漢委奴國王印」，這顆金印在 1784 年出土，地
點就在博多灣的志賀島。

博多灣

大都

TOP PHOTO

大都位於今天的北京市區內，原名「中都」。忽必烈遷
都至此之後便改名為「大都」，而在蒙古語則稱之為
Khanbaliq，意思是「可汗之城」。昔日元朝對於大都的諸
多建設在今日幾乎已經全部消逝，僅存留一小段城牆與
護城河的遺跡，現被保存在元大都遺址公園內。

元世祖

　　大家對於元朝的印象，應該都是驚嘆於元朝那橫跨歐、亞大陸，前所未有的廣大疆域吧！但是嚴格說來，這片廣大的領地，應該稱作「蒙古帝國」。元朝的領土只是蒙古帝國的一部分，而蒙古帝國還包含了四大汗國。不過蒙古帝國的輝煌，並非一朝一夕突然就建立起來，而是歷經蒙古帝國的建立者鐵木真的南征北討，傳承到忽必烈手上，鞏固起四大汗國的根基，才能在歷史洪流中留下不朽的註記。

　　提到忽必烈傳承鐵木真的蒙古帝國，並加以完善治理而再度擴張版圖的事蹟，當然就必須看一看到底是哪些人格特質，讓忽必烈能夠脫穎而出成為帝國霸主。

童子初獵禽獸，以血染長者拇指。旭烈兀持太祖手，用力重。……帝則捧太祖之手，輕拭之。太祖甚悅。

—《新元史·世祖本紀》

　　根據蒙古習俗，小孩子第一次外出打獵，捕獲獵物後，就要以獵物的血染在族中長輩的拇指上。忽必烈和弟弟一同打獵後，弟弟旭烈兀粗魯的把血塗在鐵木真的拇指，可是忽必烈卻細心輕柔的將血擦上鐵木真的手。從這樣的小細節就可以看出忽必烈從小就能對事情有著細膩的決斷與處理。忽必烈因此得到了鐵木真歡心，反之弟弟旭烈兀則在鐵木真心中留下壞印象。

　　而細膩的性格除了可以培養縝密的思考，同時也能透過仔細的體察，慢慢的衍生出對人、事、物敏銳感知的能力。因為能夠敏銳的感知，所以能革除蒙古族中過於殘虐的統治方式，能夠改正原本蒙古在統治人民上所缺少的那一份慈悲，能夠再三提醒自己傾聽他人意見，避免衝動下做出錯誤抉擇。更有甚者，藉由敏銳的感知，忽必烈成功的運用時機，一舉擊潰在賈似道掌權下而日漸腐敗的南宋。

至世祖獨崇儒向學，召姚樞、許衡、竇默等敷陳仁義道德之說，豈非所謂書生之虛論者哉？然踐阼之後，混壹南北，紀綱法度燦然明備，致治之隆，庶幾貞觀。——《新元史·世祖本紀》

蒙古人有著嚴格的階級區分，將人種分成四種階級，依序為蒙古人、色目人（即中亞、歐洲地區的外國人）、漢人（淮河以北的居民）和南人（原本南宋境內各種族）。

相較於「傳統」的蒙古人來說，忽必烈其實是個非常能夠接納「南人」的蒙古人。對於在攻克大理時，他對高祥的敬重；以及後來南宋覆滅時，因為惜才，極力招安文天祥，甚至允諾給予文天祥宰相職位。這一切都在在突顯出忽必烈唯才是用，敢於打破傳統的種族階級觀念。忽必烈完全不在意這些人的身分階級，不僅重用他們，更能察納雅言，虛心接受這些人的建議。

雖然最後無法招降文天祥，帶著遺憾將他處決。

可是在勸服文天祥的過程中，讓忽必烈強烈感受到儒家文化的影響力，可以讓人如此的堅定不移，如此的忠誠不屈。這讓忽必烈更加看重儒家文化，因此在發揚儒術這一方面，不遺餘力的加以推廣。當然在其他蒙古人眼中，起初是不太能接受的。有些人甚至認為漢人的書生氣息不值得沾染，認為接觸儒家文化，只會讓蒙古人喪失自己的驃悍。

可是經過忽必烈的努力，兼容並蓄南北文化，截長補短之後，元朝國力有增無減，朝政管理井然有序，法治規定、典章制度明確有條理，直可比擬唐朝貞觀盛世。

可惜的是忽必烈之後的元朝君主，變本加厲的恢復實行種族階級制度，極度歧視漢人和儒生，甚至出現了「九儒十丐」的職業階級（一官、二吏、三僧、四道、五醫、六工、七獵、八民、九儒、十丐），使得當初忽必烈所留下的制度，逐步被破壞殆盡。制度的毀壞，加上沾染逸樂的習性，使元朝成為歷史上最強大，卻也是僅過九十年就滅亡的短暫朝代。

賈似道

　　史書當中，特別為奸臣寫列傳，是很特別的情形。那麼南宋的右丞相賈似道為什麼能進入宋史的奸臣列傳名單中呢？

　　賈似道和一般經由科舉考試進入朝廷的官員不同。史書記載賈似道是靠「補蔭」而取得官職，究竟補蔭是什麼？「補蔭」，是為了感謝皇族的外戚以及文武高官對朝廷的貢獻，因此讓他們的後代子孫或親戚靠著「庇蔭」，不用參加科舉考試就能「補」上低階官員的缺。所以，就算不認識字，或是在鄉里間的名聲再差，品行道德觀再低落，只要父親，甚至是祖父曾經為國立功，當上高官，這些後輩子孫們依舊可以靠這樣的關係當官。

　　少年時遊手好閒的賈似道，就因為補蔭當上地方小官。不久後，因為賈似道的姊姊被召入宮當妃子，受到當時皇帝宋理宗的寵愛，連帶讓賈似道也備受重視，從地方官員搖身一變成為中央官員。

　　受到拔擢之後，賈似道更是恃寵而驕。每天

少落魄，為游博，不事操行。以父蔭補嘉興司倉。
會其姊入宮，有寵於理宗，為貴妃，遂詔赴廷對，
妃於內中奉湯藥以給之。——《宋史·賈似道傳》

更加縱情玩樂，甚至從早到晚都流連在聲色場所。賈似道這樣
的壞習慣人盡皆知，連宋理宗也有所耳聞。某天，宋理宗
遙望西湖半夜仍然燈火通明，便猜想應是賈似道徹夜於
西湖遊玩。隔天派人一問，果然真的是賈似道。雖然
宋理宗當時曾想派人訓斥賈似道，希望他可以改掉這
樣的陋習。不過，因為朝中的官員都害怕得罪賈似道，
結果沒人敢勸誡他。

後來賈似道得知蒙古帝國蒙哥汗因為戰爭駕崩的消
息，趁機向宋理宗提出「歲幣」的建議，讓南宋每年對蒙
古繳納大筆金錢來換取和平，取得了蒙古對南宋停戰協
議成功，因而一舉坐上丞相官職，卻同時也埋下南
宋滅國的禍端。

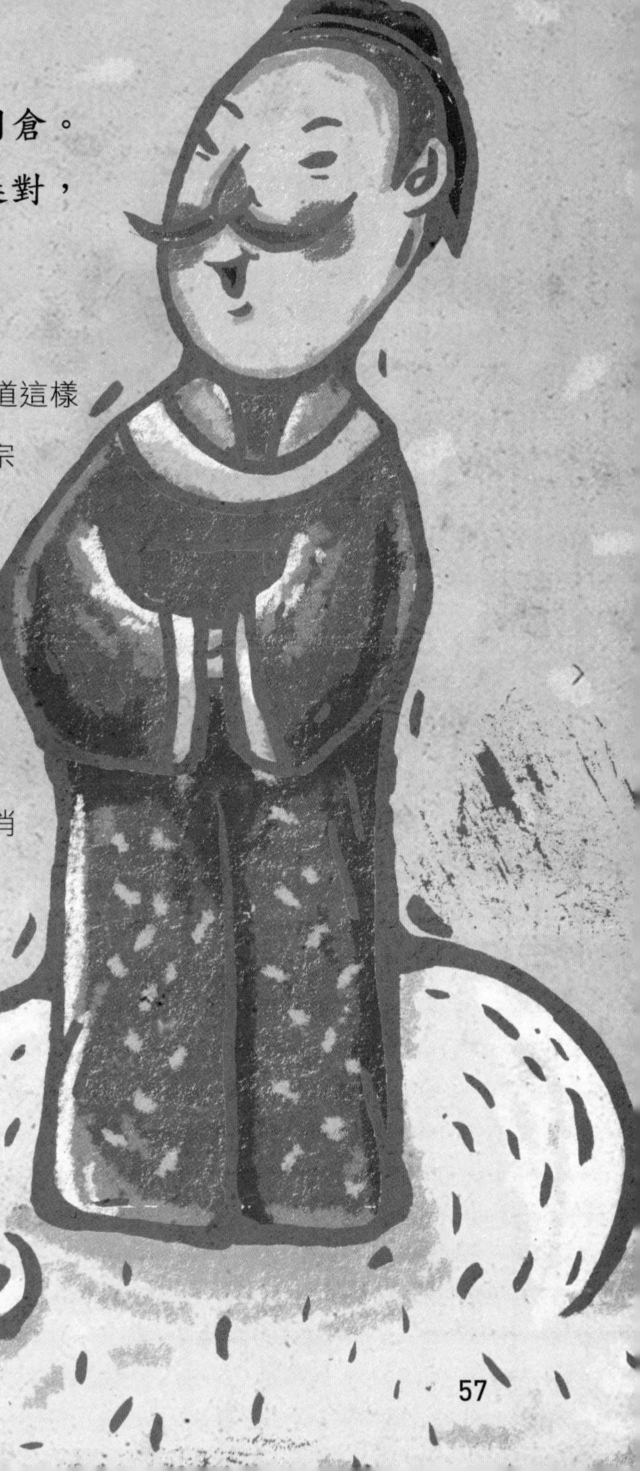

小忤意輒斥，重則屏棄之，終身不錄。一時正人端士，為似道破壞殆盡。——《宋史‧賈似道傳》

　　宋理宗駕崩後，賈似道隨即提出辭呈，卻同時派遣心腹向朝廷謊報蒙古率領大軍南下的假軍情。剛即位的宋度宗，因對蒙古的懼怕，馬上召回賈似道，並指派賈似道擔任太師的職務。事實上蒙古完全沒有出兵，而賈似道謊報消息的理由，是為了在宋理宗駕崩後，鞏固自己的政治勢力所使出的手段，讓他「騙」得了一個不下於宰相的官職。

　　從此之後，賈似道的權力只小於皇帝。所有政務相關的事情，都要先經過賈似道這道關卡，而一經過賈似道處理，就和賄賂關說劃上等號。惡性循環之下，只要是走偏門，就算是心術不正的人也能官運亨通；而堅持原則的正人君子，即便才能多高，多麼忠心愛國，都英雄無用武之地。舉凡南宋末期能臣文天祥、李芾、陳文龍、張仲微等人，都曾經因為不配合賈似道或者曾經得罪過他，處處遭

賈似道刁難，甚至被罷免官職，終身不再錄用。

　　賈似道的心機不僅於此。在南宋將領呂文煥鎮守襄陽，與蒙古大軍陷入苦戰，朝廷討論是否要增加援兵協助襄陽時，賈似道擔心若增援讓襄陽被守住，呂文煥很可能因為這個戰功獲封高官，於是全力否決增援。後來呂文煥在沒有後援的情況下投降蒙古，讓襄陽淪陷，更成為蒙古征戰大將，為蒙古屢立戰功。南宋朝廷檢討襄陽城投降一事時，賈似道改口表示，當初如果皇帝聽從他的計策增援襄陽，就不會導致這樣的結果。賈似道的厚顏無恥，可見一斑。

　　綜觀當時南宋末年，並非缺乏能相良將，而是能人之士紛紛受到賈似道貶抑或打壓，心有餘而實權不足。最後，不是像文天祥勢單力孤導致最終戰敗被俘虜，就是像呂文煥心灰意冷下投降蒙古。由這樣的結果看來，忽必烈可以輕鬆的各個擊破，順利的滅亡南宋，賈似道，間接變成了忽必烈攻打南宋的「好幫手」，影響不可謂不大。

文天祥

　　「人生自古誰無死，留取丹心照汗青」是文天祥所寫的〈過零丁洋〉詩作中，為人傳頌至今的千古名句。文天祥是在南宋滅亡被俘虜之後，因為蒙古名將張弘範拜託文天祥勸降南宋另一名賢臣張世傑，文天祥對張弘範這項請託的回覆——誓死效忠南宋，堅決不為虎作倀。

　　其實在蒙古軍隊猛攻南宋時，南宋朝廷曾經下詔書號召人民一同「勤王」，也就是君主有難，要號召百姓救援國君。文天祥當時流著淚領詔書，然後積極的聚集一萬人準備迎戰蒙古軍隊。

　　原本文天祥在遭逢國家危難前，過著奢華的生活。家中僕役歌伎眾多，飲酒作樂，大開宴會，呼朋引伴的吟詩作對是常有的事。然而南宋局勢突然生變，忽必烈帶著蒙古大軍南下攻打南宋。文天祥

天祥性豪華，平生自奉甚厚，聲伎滿前。至是，痛自
貶損，盡以家貲為軍費。——《宋史·文天祥傳》

一聽聞君主有難，立刻就散盡家財，將全部的財產變換成招募軍隊
的費用。

　　文天祥的朋友曾經勸阻他：蒙古軍隊聲勢浩大，所向披靡勢如
破竹。僅僅憑藉臨時招募又來不及完整訓練的烏合之眾，想要對抗
蒙古精兵，就好像是趕著一群羊去對抗猛虎罷了！

　　然而文天祥卻有不同的想法。他正氣凜然的回答友人，他不是
不知道這麼做是以卵擊石，但是現在勤王令既然已經頒布，可惜大
家都裹足不前，沒有人願意響應。他只能用這一種不自量力的方法，
希望可以拋磚引玉，感動更多人，讓大家願意追隨他的腳步，一起
協助國家度過危難。更何況領國家的俸祿就應當為國家盡
全力分憂解勞，自己是朝廷的官員，就算以生命報國，
也不該退縮。文天祥就這樣以一己之力，頑強的
在逆勢中抵抗蒙古的攻擊。

其衣帶中有贊曰:「孔曰成仁,孟曰取義,惟其義盡,所以仁至。讀聖賢書,所學何事,而今而後,庶幾無愧。」——《宋史·文天祥傳》

南宋被滅亡後,文天祥終究逃不過戰敗被俘的結果。

起初,文天祥殉國之意十分堅定。在押解到蒙古首都——大都的路上,文天祥絕食八天,但是卻沒有死去。這份忠誠,引起了元世祖忽必烈的注意。加上有人向忽必烈進諫,稱讚南宋臣子當中沒有人比文天祥更加優秀,因此讓忽必烈積極的想招降他。但是文天祥卻只回覆希望以死殉國。

文天祥因此又被拘禁三年。這段被俘虜的期間,他曾寫下〈正氣歌並序〉。文章中提到,在這種萬般惡劣的環境之下,自己只能以自身浩然正氣,讓衰弱的身體繼續存活下去。

忽必烈看文天祥如此堅決效忠南宋,十分

感動，打算釋放文天祥。然而卻遭到朝中臣子大力反對。之後又不斷有謠傳有義士要搭救文天祥，並且發動兵變對抗蒙古。不得已之下，忽必烈召來文天祥，再次詢問他是否有意願投效蒙古。文天祥依舊不改自己的意志，表明身為南宋臣子，又曾受到南宋國君的賞識有幸擔任宰相，因此絕不可能再服事蒙古，只求一死。

看見文天祥的從容，忽必烈於心不忍，僅僅讓文天祥退下。可是朝廷臣子不斷建言請忽必烈就順從文天祥的心願，將他賜死。忽必烈無奈之下只好同意，但是過不久後卻又馬上下詔書要停止執行文天祥的死刑，可惜為時已晚。

文天祥死後被人從衣帶中被找出一篇自評——犧牲生命，捨棄自己的肉身，為南宋就義而死，完成了儒家的仁義之道，人生也沒有甚麼慚愧遺憾之事——充分展現了儒家精神。

或許，正是文天祥的忠心以及決意殉國，替忽必烈上了一課，讓他更深刻了解儒家文化的深度以及影響，才促成忽必烈有別於其他元朝君主，特別兼容並蓄的接受漢文化的洗禮吧！

劉秉忠

　　如果你是一位才氣縱橫，英氣飛揚的青年，卻總是不受重用，總是被指派處理一些微不足道的小事，你會為了五斗米折腰，委屈求全，還是相信自己的才能，放棄現有的工作，靜待機會來臨？忽必烈的宰相劉秉忠選擇了後者。

　　十七歲那年，劉秉忠為了要奉養雙親，博學多聞的他到刑臺節度使府中擔任俗稱「刀筆吏」的職務。蒙古的大官多半來自具有蒙古血統的軍官出身，自然懂不了多少漢字。字看不懂，要擬定行政命令與發布公告，連帶會遇到一些麻煩。刀筆吏，就是負責將蒙古公文傳抄撰寫成漢文文案的官職。擔任刀筆吏不僅地位卑微，升遷不易，加上有些害群之馬會從中竄改一些政令，貪圖油水，使得刀筆吏整體在民間的名聲也不怎麼好聽。

　　因為這些緣故，這份工作讓劉秉忠經常感到悶悶不樂。劉秉忠

年十七歲，為節度使府令史。居常鬱鬱不樂。一日，投筆歎曰：「吾家累世衣冠，乃為刀筆吏乎！丈夫遇不于世，當隱居以求志耳。」──《新元史·劉秉忠傳》

想起自己家族世代都是做官並且為民服務；相較之下，如今自己必須委屈求全顯得更加不堪。忍耐是有限度的，既然自己懷才不遇，不如歸去。所以他決定辭官隱居，保全自己的氣節。

　　劉秉忠辭官隱居後，輾轉到了南堂寺出家。因緣際會下，他和一名高僧一同晉見忽必烈。精通天文、地理、律曆、數術的劉秉忠，和忽必烈暢談甚歡。尤其當忽必烈問到天下大勢，他不僅瞭若指掌，更提出不少精闢的意見，讓忽必烈十分嘆服。於是忽必烈招攬劉秉忠，作為他的幕僚。

　　幾年後，劉秉忠父親去世。治喪期間，忽必烈體恤劉秉忠，還給予他一筆錢財支付喪葬費用。服喪期滿之後，劉秉忠就更加用心的為忽必烈效力。

凡有關於國家大體者，知無不言，言無不聽，帝寵任愈隆，燕閒顧問，輒推薦人物可備器使者，凡所甄拔，後悉為名臣。——《新元史·劉秉忠傳》

劉秉忠曾經向忽必烈上書提出建言，提醒忽必烈「可以在馬上取得天下，但不能在馬上治理天下」的道理。由於蒙古與漢族文化的不同，劉秉忠的建言還包括對於典章制度、禮樂法度、三綱五常等等教化的意見，更直言必須小心且合理調整賦稅。而在刑罰方面，則必須簡化法令，不要過於繁雜，並且更要小心審理，避免冤獄。

這些建言不僅針對政務，也對社稷提出宏觀的看法。劉秉忠點明君主必須以國家為家，視百姓如子，國家和百姓的關係，就像魚和水一樣。因此，善待百姓是必須的，而對百姓施行教育也是必要的。劉秉忠指出當時教育制度的缺失，並且提出應該要廣設教授，大興國立學校，教授儒家經典，使人民受教化。之後再從中選賢舉能。忽必烈建立元朝後，接受了這些建議，並逐步加以落實，因此元朝的國力在忽必烈的經營之下達到鼎盛。

忽必烈非常重視劉秉忠的意見，而劉秉忠也不忘卻自己的本

分、恃寵而驕。他時常告誡忽必烈，要愛惜生命，明君不以刑殺折服人，而是以德服人。這讓忽必烈每次攻打下新的領地，都不濫殺一人，也因此保全了無數百姓的性命。

當劉秉忠被任命為光祿大夫兼太保的官職後，更是以天下為己任。事無大小，只要和國家的治亂安危相關，他都再三琢磨，提出有建設性的意見。提拔人才時更是竭盡全力，經過他考評推薦的人，後來都成為著名的大臣。

朝廷禮儀、官員的俸祿、官階升遷等，甚至於蒙古建國號為「大元」，都是出自於劉秉忠的意見。對於忽必烈來說，劉秉忠不僅是協助他奠基元朝國力的左右手，也是他最信任而不可或缺的賢良臣子。

當元世祖的朋友

「哇！這個人怎麼這麼厲害，到處打仗都贏耶！」這樣的常勝王，到底是歷史上哪個偉大的君王呢？

生長在蒙古草原上的忽必烈，從小就受到許多草原生活的訓練，擅長騎馬、擅長打獵，同時也培養出寬闊的視野與胸襟。而忽必烈從小時候就展現出他與眾不同的氣度。從他第一次打獵完，按照習俗將血擦拭在長輩的手上，他就懂得，即使看似平常的小事也不能隨便馬虎。因為越是簡單的事情越容易被人忽略，而這些細節，往往都是成就大事的關鍵。除了在小處用心之外，他也很懂得把握機會，所以儘管年紀輕輕就接管了軍隊，但是他在處理軍務方面可一點也不生疏。他總是細細的觀察下屬的狀況，該獎勵的獎勵，該受罰的就按照規矩處罰。看到手下不分青紅皂白就動刑，他也會秉公辦理，絕不護短。一步一步，他獲得了更多的人心支持，也建立起自己的聲望。

建立元朝，消滅南宋統一中國後，他並不仗著蒙古人的優勢對漢族或其他外族進行屠殺，反而敞開胸懷去認識、接納其他族群的文化。因為他有這樣的胸襟，元朝才能逐漸擴張版圖；而每個被他收服的國家，也都因為他的寬容統治，願意對他俯首稱臣。

如果你和忽必烈做朋友，他不僅僅會教你騎馬打仗。他還會讓你了解，各個不同文化、民族之間的隔閡其實都是可以消弭的。只要你願意細心體會，並且能夠保持開闊的心胸，不用像他動到任何干戈武器，你也能擴展自己的生命版圖，和世界做朋友！

我是大導演

看完了元世祖的故事之後，
現在換你當導演。
請利用紅圈裡面的主題（強盛），
參考白圈裡的例子（例如：驍勇），
發揮你的聯想力，
在剩下的三個白圈中填入相關的詞語，
並利用這些詞語畫出一幅圖。

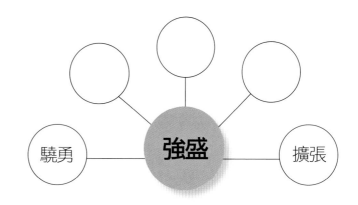

◎ 少年是人生開始的階段。因此，少年也是人生最適合閱讀經典的時候。

因為，這個時候讀經典，可以為將來的人生旅程準備豐厚的資糧。

因為，這個時候讀經典，可以用輕鬆的心情探索其中壯麗的天地。

◎ 【經典少年遊】，每一種書，都包括兩個部分：「繪本」和「讀本」。

繪本在前，是感性的、圖像的，透過動人的故事，來描述這本經典最核心的精神。

小學低年級的孩子，自己就可以閱讀。

讀本在後，是理性的、文字的，透過對原典的分析與說明，讓讀者掌握這本經典最珍貴的知識。

小學生可以自己閱讀，或者，也適合由家長陪讀，提供輔助說明。

001 黃帝　遠古部落的共主
The Yellow Emperor:The Chieftain of Ancient Tribes
故事／陳昇群　原典解說／陳昇群　繪圖／BIG FACE

遠古的黃河流域，衰弱的炎帝，無法平息各部族的爭戰。在一片討伐、互鬥的混亂局勢裡，有個天生神異、默默修養自己的人，正準備崛起。他，就是中華民族共同的祖先，黃帝。

002 周成王姬誦　施行禮樂的天子
Ch'eng of Chou:The Establishment of Chinese Etiquette
故事／姜子安　原典解說／姜子安　繪圖／簡漢平

年幼即位的周成王，懷抱著父親武王與叔叔周公的期待，與之後繼位的康王，一同開創了「成康之治」。他奠定了西周的強盛，開啟了五十多年的治世。什麼刑罰都不需要，天下無事，安寧祥和。

003 秦始皇　野心勃勃的始皇帝
Ch'in Shih Huang:The First Emperor of China
故事／林怡君　原典解說／林怡君　繪圖／LucKy wei

綿延萬里的長城、浩蕩雄壯的兵馬俑，已成絕響的阿房宮……這些遺留下來的秦朝文物，代表的正是秦始皇的雄心壯志。但是風光的盛世下，卻是秦始皇實行暴政的證據。他在統一中國時，也斷送了秦朝的前程。

004 漢高祖劉邦　平民皇帝第一人
Kao-tsu of Han:The First Peasant Emperor
故事／姜子安　故事／姜子安　繪圖／林家棟

他是中國第一個由平民出身的皇帝，為什麼那麼多人都願意為他捨身賣命？憑什麼他能和西楚霸王項羽互爭天下？劉邦是如何在亂世中崛起，打敗項羽，成為漢朝的開國皇帝？

005 王莽　爭議的改革者
Wang Mang:The Controversial Reformer
故事／岑澎維　原典解說／岑澎維　繪圖／鍾昭弋

臣民都尊呼他為「攝皇帝」。因為他的實權大大勝過君王。別以為這樣王莽就滿足了，他覬覦的可是真正的君王寶位。於是他奪取王位，一手打造全新的王朝。他的內心曾裝滿美好的願景，只可惜最終變成空談。

006 北魏孝文帝拓跋宏　民族融合的推手
T'o-pa Hung:The Champion of Ethnic Melting
故事／林怡君　原典解說／林怡君　繪圖／江長芳

孝文帝來自北魏王朝，卻嚮往南方。他最熱愛漢文化，想盡辦法要讓胡漢兩族的隔閡減少。他超越了時空的限制，不同於一般君主的獨裁專制，他的深思遠見、慈悲寬容，指引了一條民族融合的美好道路。

007 隋煬帝楊廣　揮霍無度的昏君
Yang of Sui:The Extravagant Tyrant
故事／劉思源　原典解說／劉思源　繪圖／榮馬

楊廣從哥哥的手上奪走王位，成為隋煬帝。他也從一個父母眼中溫和謙恭的青年，轉而成為嚴格殘酷的帝王。這個任意妄為的皇帝，斷送了隋朝的未來，留下昭彰的惡名，卻也樹立影響後世的功績。

008 武則天　中國第一女皇帝
Wu Tse-t'ien:The only Empress of China
故事／呂淑敏　原典解說／呂淑敏　繪圖／麥震東

她不只當上中國第一個女皇帝，她還遷想開創自己的朝代，把自己的名字深深的刻在歷史的石碑上。她遷想改革政治，找出更多人才為國家服務。她的膽識、聰明與自信，讓她註定留名青史，留下褒貶不一的評價。

◎ 【經典少年遊】，我們先出版一百種中國經典，共分八個主題系列：
　　詩詞曲、思想與哲學、小說與故事、人物傳記、歷史、探險與地理、生活與素養、科技。
　　每一個主題系列，都按時間順序來選擇代表性的經典書種。

◎ 每一個主題系列，我們都邀請相關的專家學者擔任編輯顧問，提供從選題到內容的建議與指導。
　　我們希望：孩子讀完一個系列，可以掌握這個主題的完整體系。讀完八個不同主題的系列，
　　可以不但對中國文化有多面向的認識，更可以體會跨界閱讀的樂趣，享受知識跨界激盪的樂趣。

◎ 如果說，歷史累積下來的經典形成了壯麗的山河，那麼【經典少年遊】就是希望我們每個人
　　都趁著年少，探索四面八方，拓展眼界，體會山河之美，建構自己的知識體系。
　　少年需要遊經典。
　　經典需要少年遊。

009 唐玄宗李隆基　盛唐轉衰的關鍵
Hsuan-tsung of T'ang:The Decline of the T'ang Dynasty
故事／呂淑敏　原典解說／呂淑敏　繪圖／游峻軒

他開疆闢土，安內攘外。他同時也多才多藝，愛好藝術音樂，還能譜曲演戲。他就是締造開元盛世的唐玄宗。他創造了盛唐的宏圖，卻也成為國勢衰敗的關鍵。從意氣風發，到倉皇逃難，這就是唐玄宗曲折的一生。

010 宋太祖趙匡胤　重文輕武的軍人皇帝
T'ai-tsu of Sung:The General-turned-Scholar Emperor
故事／林哲璋　原典解說／林哲璋　繪圖／劉育琪

從黃袍加身到杯酒釋兵權，趙匡胤抓準了時機，從軍人成為實權在握的開國皇帝。眼見藩鎮割據的五代亂象，他重用文人，集權中央。他開啟了平和的大宋時期，卻也為之後的宋朝埋下被外族侵犯的隱憂。

011 宋徽宗趙佶　誤國的書畫皇帝
Hui-tsung of Sung:The Tragic Artist Emperor
故事／林哲璋　原典解說／林哲璋　繪圖／林心雁

他不是塊當皇帝的料，玩物喪志的他寧願拱手讓位給敵國，只求能夠保全藝術珍藏。宋徽宗的多才多藝，以及他的極致享樂主義，都為我們演示了一個富有人格魅力，一段段充滿人文氣息的小品集。

012 元世祖忽必烈　草原上的帝國霸主
Kublai Khan:The Great Khan of Mongolia
故事／林安德　原典解說／林安德　繪圖／AU

忽必烈 —— 草原上的霸主！他剽悍但不霸道，他聰明而又包容。他能細心體察冤屈，揚善罰惡；他還能珍惜人才，廣聽建言。他有著開闊的胸襟和寬廣的視野，這個馳騁草原的霸主，從馬上建立起一塊遼遠的帝國！

013 明太祖朱元璋　嚴厲的集權君王
Hongwu Emperor:The Harsh Totalitarian
故事／林安德　原典解說／林安德　繪圖／顧珮仙

從一個貧苦的農家子弟，到萬人臣服的皇帝，朱元璋是怎麼辦到的？他結束了亂世，將飽受戰亂的國家，開創另一個新局？為什麼歷史評價如此兩極，既受人推崇，又遭人詬病，究竟他是一個好皇帝還是壞皇帝呢？

014 清太祖努爾哈赤　滿清的奠基者
Nurhaci:The Founder of the Ch'ing Dynasty
故事／李光福　原典解說／李光福　繪圖／蘇偉宇

要理解輝煌的清朝，就不能不知道為清朝建立基礎的努爾哈赤。他在明朝的威脅下，統一女真部落，建立後金。當他在位時期，雖然無法成功消滅明朝，但是他的後人創立了清朝，為中國歷史開啟了新的一頁。

015 清高宗乾隆　盛世的十全老人
Ch'ien-lung:The Great Emperor of the Golden Age
故事／李光福　原典解說／李光福　繪圖／唐克杰

乾隆在位時期被稱為「康雍乾盛世」，然而他一方面大興文字獄，一方面還驕傲的想展現豐功偉業，最終讓清朝國勢日漸走下坡。乾隆讓我們看到了輝煌與鼎盛，也讓我們看到盛世下的陰影，日後的敗因。

經典
少年遊

youth.classicsnow.net

012
元世祖忽必烈　草原上的帝國霸主
Kublai Khan
The Great Khan of Mongolia

編輯顧問（姓名筆劃序）

王安憶　王汎森　江曉原　李歐梵　郝譽翔　陳平原
張隆溪　張臨生　葉嘉瑩　葛兆光　葛劍雄　鄭培凱

故事：林安德
原典解說：林安德
繪圖：AU
人時事地：編輯部

編輯：張瑜珊 張瓊文 鄧芳喬
美術設計：張士勇
美術編輯：顏一立
校對：陳佩伶

企畫：網路與書股份有限公司
出版者：大塊文化出版股份有限公司
台北市10550南京東路四段25號11樓
www.locuspublishing.com
讀者服務專線：0800-006689
TEL：+886-2-87123898
FAX：+886-2-87123897
郵撥帳號：18955675
戶名：大塊文化出版股份有限公司
法律顧問：全理法律事務所董安丹律師

總經銷：大和書報圖書股份有限公司
地址：新北市新莊區五工五路2號
TEL：+886-2-8990-2588
FAX：+886-2-2290-1658
製版：沈氏藝術印刷股份有限公司

初版一刷：2013年2月
定價：新台幣299元